AF369929

COLLECTION DE M. ***

TABLEAUX MODERNES

Importants

BELLES TABATIÈRES

VENTE

Les Mercredi 25 et Jeudi 26 Mai 1864

EXPOSITIONS { PARTICULIÈRE : Le Lundi 23 Mai 1864.
PUBLIQUE : Le Mardi 24 Mai 1864.

M⸱ ESCRIBE, Commissaire-Priseur.

M. Francis PETIT, Expert pour les Tableaux.

MM. MANNHEIM, Experts pour les Tabatières.

RENOU ET MAULDE

IMPRIMEURS DE LA COMPAGNIE DES COMMISSAIRES-PRISEURS

Rue de Rivoli, 144.

CATALOGUE

DE

TABLEAUX MODERNES

Importants

ET DE

TRÈS-BELLES TABATIÈRES

Composant la Collection de M. ***

DONT LA VENTE AURA LIEU

HOTEL DROUOT, SALLE N° 5

Les Mercredi 25 et Jeudi 26 Mai 1864

A TROIS HEURES ET DEMIE PRÉCISES

Par le ministère de Me **ESCRIBE**, Commissaire-Priseur,
rue Saint-Honoré, 217,

Assisté de **M. Francis PETIT**, Expert, rue de Provence, 43,

Et de **MM. MANNHEIM**, Experts, rue de la Paix, 10,

CHEZ LESQUELS SE DISTRIBUE LE PRÉSENT CATALOGUE.

EXPOSITION PARTICULIÈRE

Le Lundi 23 Mai 1864, de une heure à cinq heures.

EXPOSITION PUBLIQUE

Le Mardi 24 Mai 1864, de une heure à cinq heures.

PARIS — 1864

CONDITIONS DE LA VENTE

Elle sera faite au comptant.

Les Acquéreurs paieront CINQ pour CENT, en sus du prix d'adjudication.

ORDRE DES VACATIONS

Mercredi 25 Mai. — LES TABLEAUX.

Jeudi 26. — LES TABATIÈRES.

TABLEAUX

DECAMPS

1 — Bucheronne dans la forêt.

> Pesamment chargée d'un fardeau de bois, elle regarde un enfant qui marche auprès d'elle, portant aussi sa petite part du butin.
>
> Daté 1850.

Hauteur, 51 c. Largeur, 43 c.

Paul DELAROCHE

2 — Arrestation du président Duranti.

Composition importante.

Hauteur, 54 c. Largeur, 45 c.

Jules DUPRÉ

3 — La Vanne.

Hauteur, 50 c. Largeur, 69 c.

GÉROME

4 — Un Boucher turc.

Tableau exposé en 1862.

Hauteur, 23 c. Largeur, 26 c.

MARILHAT

5 — Les bords du Bosphore au soleil couchant.

Hauteur, 32 c. Largeur, 4) c.

MEISSONIER

6 — Une Lecture chez Diderot.

Composition de 7 figures, daté 1859.

Hauteur, 21 c. Largeur, 27 c.

MEISSONIER

7 — Intérieur de Corps de Garde.

Des soldats groupés autour d'une table jouent aux cartes, d'autres se chauffent et causent sous le manteau d'une grande cheminée.

Composition de 11 figures, datée 1838.

Hauteur, 21 c. Largeur, 26 c.

MEISSONIER

8 — Autre intérieur de Corps de Garde.

Deux cavaliers assis sur un banc font une partie que d'autres soldats suivent avec intérêt.
Composition de 6 figures, datée 1860.

Hauteur, 19 c. Largeur, 25 c.

MEISSONIER

9 - Un Capitaine.

Le chapeau sur la tête et l'épée au bras, il descend les marches d'un escalier.
Daté 1851.

Hauteur, 24 c. Largeur, 16 c.

MEISSONIER

10 — Un Gentilhomme faisant de la musique.

Il joue de la mandoline assis devant une table chargée de ... s de musique, de verres, flacons, etc.
Daté 1859.

Hauteur, 24 c. Largeur, 16 c.

MEISSONIER

11 — Un Cavalier.

Au retour d'une longue course, assis sur un banc en plein soleil, il dort.
Daté 1863.

Hauteur, 11 c. Largeur, 10 c.

MEISSONIER

12 — Un Gentilhomme.

Dans la grande salle d'un palais, il est debout drapé dans
son manteau rouge et appuyé contre la base d'une colonne.
Daté 1863.

Hauteur, 12 c. Largeur, 9 c.

Th. ROUSSEAU

13 — Paysage. Effet du soir après l'orage.

Hauteur, 41 c. Largeur, 63 c.

ARY SCHEFFER

14 — Léonore.

Ballade de Bürger.

Hauteur, 56 c. Largeur, 97 c.

HORACE VERNET

15 — Combat entre des Brigands et des Dragons du Pape.

Tableau peint à Rome, en 1836 et gravé par Jazet.

Hauteur, 85 c. Largeur, 131 c.

TABATIÈRES

16 — Grande et belle tabatière ovale en or émaillé en plein, à six médaillons de personnages ; le couvercle et le fond présentent des sujets tirés de l'histoire de Télémaque. Au pourtour, se trouvent des figures de nymphes dans des paysages. Le reste de la boîte est enrichi d'ornements ciselés. Époque Louis XV.

17 — Très-belle boîte ovale en or émaillé gros bleu imitant le lapis, enrichie de cinq médaillons montés à enfantement et peints sur émail en grisaille, par Demailly. Le médaillon du couvercle présente le triomphe d'Amphitrite, et les quatre du pourtour des amours dans différentes positions. Des rosaces, des pilastres et des bordures à oves très-finement ciselés complètent l'ornementation de cette belle boîte. Époque Louis XVI.

18 — Belle boîte ovale en or émaillé gros bleu, à monuments et ruines en or de couleurs, ciselés en relief et réservés. Époque Louis XV.

19 — Grande boîte ovale en or ciselé et à bandes émaillées gros bleu ; le couvercle est orné d'un beau portrait ovale du roi Louis XIV, peint sur émail par Petitot. Le pourtour et le fond sont enrichis de médaillons de fleurs et d'une rosace finement ciselés sur or de couleurs. Époque Louis XVI.

20 — Boîte ronde en écaille doublée en or, enrichie d'un portrait du roi Louis XIV, peint sur émail et attribué à Petitot. Le médaillon est entouré d'un fixé représentant diverses figures allégoriques.

21 — Boîte ronde en or, dont le couvercle offre un sujet tiré de l'histoire romaine, finement peint sur émail.

22 — Grande boîte en écaille à huit pans, doublée en or ; le couvercle est orné d'une cuvette de montre émaillée sur or, représentant un combat de cavalerie.

23 — Magnifique onyx oriental à trois couches, monté sur une tabatière carrée à angles arrondis, en or guilloché.

24 — Très-beau camée ovale sur onyx oriental, à trois couches et à corniche; bacchante assise présentant une coupe à l'Amour. Il est monté sur une tabatière carrée en or guilloché.

25 — Beau camée de forme longue, à angles coupés, sur agate orientale à deux couches, représentant le jugement de Pâris, composition de six personnages finement gravés par *Amastini*. Cette belle pierre est montée sur une tabatière carrée à angles arrondis, en or guilloché.

26 — Fragment de camée antique finement gravé sur onyx oriental à deux couches, représentant Silène réveillé par un faune. Il est monté dans un paysage en or ciselé et posé sur une boîte carrée en écaille, doublée en or.

27 — Belle tête de bacchante finement gravée en haut relief sur agate à plusieurs couches, par *Pistrucci*. Ce camée est monté sur une belle boîte ovale, en or guilloché émaillé gris perle, enrichie de cordons finement ciselés, à feuillages émaillés vert, rouge et blanc. Époque Louis XVI.

28 — Tête de Jupiter cerapis, profil à gauche, gravée sur agate orientale par *Cerbara*, montée dans une bordure ovale en or ciselé et posée sur une boîte ronde en écaille, doublée en or.

29 — Grande boîte carrée en or ciselé en relief, à monuments et animaux de style rocaille, montée à cage à guirlandes de fleurs finement ciselées en or de couleurs.

30 — Autre grande boîte carrée, en or ciselé en relief, à sujets à figures, dans le style chinois.

31 — Boîte de forme carrée à contours en ivoire sculpté, enrichie de figures et d'ornements de style rocaille, en or, repoussés, repercés à jour et appliqués ; à l'intérieur se trouve une miniature sur vélin. Travail du temps de Louis XV, dans le style de De Bêches.

32 — Boîte de forme longue à angles arrondis, en or guilloché. Le couvercle est orné d'une jolie peinture en grisaille sur émail de Limoges, attribuée à *Kip*, représentant Mars, Vénus et l'Amour, et divers autres personnages.

33 — Jolie miniature carrée, par *Klinstet*, composition de trois personnages, en grisaille, chairs teintées. Elle est montée sur une boîte carrée et plate, en écaille, montée à cage en or ciselé et doublée en or.

34 — Jolie boîte ovale montée à cage en or de couleurs, à ornements finement ciselés et enrichie de six fixés, par *de Lions de Savignac*, représentant deux marines et des paysages. Époque Louis XVI.

35 — Boîte carrée à angles arrondis, montée à cage en or ciselé, enrichie de six panneaux peints sur émail, à sujets d'après Téniers.

36 — Boîte carrée, montée à cage en or ciselé, enrichie de peintures sur porcelaine, paysages d'après Demarne.

37 — Boîte de forme carrée à angles arrondis, enrichie de six jolis fixés, par Taunay, et montée à cage et doublée en or.

38 — Boîte de forme carrée et plate, à angles coupés, en or guilloché à ornements, émaillé gros bleu ; le couvercle est orné d'un fixé, sujet marine, par Demarne.

39 — Joli fixé ovale, paysage enrichi de personnages et animaux par *Demarne*, monté sur une boîte carrée à angles arrondis en écaille montée à charnière et doublée en or.

40 — Vue du boulevard du Temple et du Café turc ; fixé carré, monté sur une boîte en agate taillée à cuvette.

41 — Joli fixé de forme ronde par *Swebach*; paysage et Halte de cavaliers, monté sur une boîte ronde en écaille doublée en or.

42 — Deux miniatures rondes sur ivoire : Vénus, Satyre et Amour, Orphée et Eurydice ; la première dans une bordure enrichie d'émeraudes et de brillants ; la seconde entourée de rubis et de perles fines. Elles sont montées sur une boîte en écaille à gorge en or.

43 — Joli petite boîte de forme contournée en jaspe sanguin, enrichie de fleurs et d'ornements en or repoussé et découpé dans le style de De Bêches.

44 — Boîte carrée, doublée et montée à cage en or, enrichie de panneaux de nacre avec inscrustations de burgau, dans le style chinois.

15 — Petite boîte ovale, dont le fond et le couvercle sont
formés de coquilles gravées en relief à sujets de
paysages et volatiles ; elle est montée à gorges à
charnière en or, à ornements émaillés en relief en
blanc, vert et bleu. Époque Louis XV.

46 — Boîte de forme contournée en prime d'améthyste,
taillée à cuvette et montée à gorge en or ciselé. Le
couvercle est orné d'une mosaïque en relief, représentant une corbeille de fruits. Travail de Dresde.

47 — Boîte en prime d'améthyste montée à gorge en or ;
Elle a la forme d'une tête de sanglier. Travail de
Dresde.

48 — Boîte ovale en bois pétrifié, montée à gorge en or
gravé.

49 — Combat de cavalerie et d'infanterie, joli repoussé sur
argent, par *Kirstein à Strasbourg*. 1809, monté sur
une boîte ronde en écaille doublée en or.

50 — Jolie mosaïque de Rome, monuments et ruines, montée sur une boîte carrée en écaille, doublée
en or.

51 — Très-jolie tabatière en ancienne porcelaine de Saxe, à
sujets d'après Watteau, finement peints en camaïeu
rouge avec bordures de style rocaille, laquées,
burgautées et rehaussées d'or. L'intérieur du couvercle est orné d'un sujet dans le style de Watteau,
décoré en couleurs.

52 — Boîte en forme de coquilles en porcelaine italienne,
montée en cuivre gravé et doré. L'intérieur du couvercle est décoré de deux figures finement pein-
tes en couleur.

RENOU et MAULDE, imprimeurs de la Compagnie des Commissaires-Priseurs,
rue de Rivoli, 144.   31695

9 782329 553450